SU HORA

*EL SAGRADO CORAZÓN DE JESÚS... empezó esta
devoción de la Hora Santa de Reparación cuando entró
en el Huerto de Gethsemani del Monte de los Olivos. —
El dijo a sus Apóstoles:* «Mi alma está triste hasta la muerte. Quedaos aquí y velad conmigo.» — *Más tarde les dijo:*
¿No pudisteis velar una hora conmigo? Velad y orad para
no caer en tentación.» (*Mat. XXVI -38-4041*).

*Así habló Jesús a sus Apóstoles y así nos habla a
nosotros invitándonos a quedarnos a velar y orar con
Él. Su Corazón está lleno de tristeza porque tantos
dudan de Él, le desprecian, le insultan, le ridiculi-
zan, le escupen, le abofetean, le acusan, le condenan. En
el Sacramento de Su amor, tantos se olvidan de Él! —
Cada pecado mortal viene a reproducir los azotes a su
Sagrado Cuerpo, a hincar las agudas espinas sobre su
Sagrada Cabeza, a martillar con crueles clavos sus Sagradas Manos y Pies. — La ingratitud de la Humanidad
traspasa continuamente su Sagrado Corazón.*

*Cuando Jesús vió los pecados del mundo y la repara-
ción que debía hacerse a su Padre Celestial, empezó a
temer y a entristecerse.* «Arrodillándose, suplicó: Padre,
si es tu voluntad, aparta de Mí este cáliz; pero no se haga
mi voluntad, sino la Tuya. Apareció un ángel del cielo
para confortarle; y estando en agonía, continuó su oración,
y su sudor era como gotas de sangre que goteaban en
la tierra.» (*Luc. XXII-41-44*)

*El Sagrado Corazón de Jesús dijo a Sta. Margarita
María:* «Haz reparación por la ingratitud de los hombres.
Dedica una hora a la oración para aplacar la divina justicia, para implorar misericordia por los pecadores, para
honrarme, para consolarme en mi amargo sufrimiento
cuando me ví abandonado por mis Apóstoles, al no velar
una hora conmigo.»

*En el Nombre del Padre † y del Hijo
y del Espíritu Santo. Amén*

(Hágase aquí la intención de la Hora Santa)

Todos: —

Oh Santísimo Sacramento, * oh Sacramento divino! * **Toda alabanza y acción de gracias** * te sean dadas en todo momento!

Director: —

ORACION AL ESPIRITU SANTO

Todos: —

Ven, oh Santo Espíritu, * llena los corazones de tus fieles * y enciende en ellos el fuego de tu amor. * Envía tu Espíritu y serán creados, * y renovarás la faz de la tierra. *

¡Oh Dios, * que, con la luz del Espíritu Santo, * adoctrinaste los corazones de los fieles, * concede que en el mismo Espíritu * seamos siempre amantes de lo recto! * Por Cristo nuestro Señor. * Amén.

Director: —

ACTO DE CONTRICION

Todos: —

Oh Dios mío! * De todo corazón me arrepiento de haberte ofendido, * y detesto mis pecados, * porque temo la pérdida del cielo y las penas del infierno, * pero más que todo porque te ofenden, Dios mío, * que eres todo bondad * y merecedor de todo mi amor. * Resuelvo firmemente, * con la ayuda de tu gracia, * confesar mis pecados, * hacer penitencia * y enmendar mi vida. * Amén.

Oh Jesús Sacramentado,
ten misericordia de nosotros!

Director: —

COMUNION ESPIRITUAL

Todos: —

Jesús mío, * creo que estás realmente presente * en el Santísimo Sacramento del Altar. * Te amo sobre todas las cosas, * y deseo recibirte en mi alma. * No puedo ahora recibirte en la Sagrada Comunión, * pero Te pido vengas a mí * por lo menos espiritualmente. * Te abrazo como si ya te tuviera dentro * y me uno a Ti. * Concédeme que nunca me separe de Ti!

Te adoro en todo momento
oh Pan de Vida bajado del cielo
Gran Sacramento!

Director: —

OFRECIMIENTO DE LA HORA SANTA

Todos: —

Mi dulce Jesús, * deseo pasar esta Hora contigo, * para consolarte, * y para hacer alguna reparación * por medio del amor de mi pobre corazón, * por la agonía que sufriste en Gethsemaní. * En aquella hora solitaria fuiste abandonado, * y las criaturas que Tú creaste para amarte, * no te amaron. * El peso de todos nuestros pecados recayó sobre Ti, * y el de los míos también; * y por el dolor que yo te causé entonces con mis pecados, * me esforzaré en satisfacerte con mi amor. * Fortalécelo, Jesús mío, * para que aunque sea en pequeña medida, Te dé consolación.

———— * ————

Sagrado Corazón de Jesús, * fortalecido en tu agonía por un Angel, * confórtanos en nuestra agonía.

Director: —

ORACION
AL SANTISIMO SACRAMENTO

Todos: —

Señor mío Jesucristo, * es tu gran amor a los hombres * el que te mantiene día y noche en este Sacramento, * lleno de piedad y amor, * esperando, * invitando * y dando la bienvenida a todos los que te visitan. * Creo que estás realmente presente * en el Sacramento del Altar. * Desde el fondo de mi nada, * yo Te adoro; * y te doy gracias * por los muchos favores que me has concedido, * especialmente * por la dádiva de Ti mismo en este Sacramento, * por la dádiva de tu Santísima Madre * como intercesora mía, * y por el privilegio * de visitarte en esta Iglesia. *

Me dirijo ahora a tu amantísimo Corazón * con una triple intención: * para darte gracias por la gran dádiva de Ti mismo; * en reparación de todos los insultos * que tus enemigos amontonan sobre Ti * en este Sacramento; * y para adorarte * dondequiera que tu Eucarística Presencia * sea deshonrada u olvidada. *

Jesús mío, * te amo de todo corazón. * Mucho me arrepiento de mi ingratitud * a tu infinita bondad. * Resuelvo ahora, * con la ayuda de tu gracia, * no ofenderte ya más. * Y pecador como soy * te consagro mi ser entero, * toda mi voluntad, * mis afectos, * mis deseos * y todo lo que tengo. * De ahora en adelante, * haz como te plazca conmigo y con mis cosas. * Sólo pido y deseo tu amor, * la perseverancia final, * y la gracia de hacer siempre * tu santa Voluntad. *

Pido tu intercesión * por las almas del purgatorio, * especialmente por aquellas * que fueron más devotas del Santísimo Sacramento * y de tu Santísima Madre. * Te recomiendo también * todos los pobres pecadores, * y finalmente, * mi amado Salvador, * uno todos mis deseos * con los deseos de tu amantísimo Corazón. * Así unidos, * los presento a tu Eterno Padre, * y le pido en tu Nombre * y por el amor que te tiene, * que los acepte y corresponda. *

S. Alfonso M. de Ligorio.

Jesús, manso y humilde de corazón, * haz nuestro corazón semejante al Tuyo.

Director: —

ACTO DE FE

Todos: —

Oh Dios mío! * Creo firmemente todas las sagradas verdades * que tu Santa Iglesia Católica * cree y enseña, * porque Tú las has revelado, * y no puedes engañar ni ser engañado.

Director: —

ACTO DE ESPERANZA

Todos: —

Oh Dios mío! * Confiando en tu infinita bondad y en tus promesas, * espero obtener el perdón de mis pecados, * la asistencia de tu gracia * y la vida perdurable, * por los méritos de Jesucristo, nuestro Señor y Salvador.

Director: —

ACTO DE AMOR

Todos: —

Oh Dios mío! * Te amo sobre todas las cosas, * con toda mi alma y corazón, * porque eres todo bondad, * y digno de todo amor. * Amo a mi prójimo como a mí mismo * por amor tuyo. * Perdono a todos los que me han ofendido * y pido perdón a los que yo he ofendido.

Jesús, yo vivo por Ti; Jesús, yo muero por Ti; Jesús, soy tuyo en la vida y en la muerte. Amén.

Director: —

ACTO DE CARIDAD

Todos: —

Oh bueno y misericordioso Salvador, * es deseo de mi corazón * corresponder a tu amor con amor. * Es mi mayor pena * el que no seas amado por todos * y en particular * el que mi corazón sea tan frío, * tan egoísta, * tan desagradecido. * Profundamente reconocedor * de mi propia debilidad y pobreza, * confío en que tu propia gracia * hará que pueda ofrecerte * un acto de puro amor. * Y deseo ofrecerte este acto de amor * en reparación de la frialdad y negligencia * que tus criaturas te muestran * en el Sacramento de tu amor. * Oh Jesús, * mi soberano bien, * te amo * no por la recompensa que has prometido * a los que te aman, * sino puramente por Ti mismo, * Te amo sobre todas las cosas que pueden amarse, * sobre todos los placeres * y en fin sobre mí mismo * y sobre todo lo que no seas Tú mismo, * confesando ante el cielo y la tierra * que quiero vivir y morir * pura y simplemente en tu santo amor, * y si para amarte así * debo padecer persecución y sufrimientos, * estoy perfectamente satisfecho, * y diré siempre con S. Pablo: * «Nada me separará de la caridad de Cristo.»

Oh Jesús, * Dueño Supremo de todos los corazones, * yo te amo, * te adoro, * te glorifico, * te doy gracias porque ahora soy todo tuyo. * Gobiérname y transforma mi alma a semejanza de Ti mismo, * para que pueda bendecirte y glorificarte para siempre * en la morada de los Santos. * Amén.

——— * ———

Dulce Corazón de Jesús, ten misericordia de nosotros * y de nuestros hermanos que están en el error.

Director: —

ORACION A CRISTO REY

Todos: —

Oh Cristo Jesús, * te reconozco Rey del Universo. * Todo lo que ha sido hecho * ha sido creado para Ti. * Haz pleno uso de tus derechos sobre mí. * Renuevo las promesas que hice en el Bautismo, * cuando renuncié a Satanás * y a todas sus pompas y obras, * y prometo vivir una vida buena y cristiana; * propongo de manera especial * dedicarme con todos mis medios * a asegurar el triunfo de los derechos de Dios * y de tu Iglesia. * Divino Corazón de Jesús, * te ofrezco mis esfuerzos * para lograr que todos los corazones * reconozcan tu Sagrada Realeza, * para que así el Reino de tu Paz * pueda establecerse en todo el Universo. * Amén.

Jesús, Rey y Centro de todos los corazones, * concédenos la paz * por medio del advenimiento de tu Reino.

Director: —

LETANIAS DEL SAGRADO CORAZON
DE JESUS

Director: —
Señor, ten piedad de nosotros.

Todos: —
Cristo, ten piedad de nosotros.

Director: —
Señor, ten piedad de nosotros.
Cristo, óyenos.

Todos: —
Cristo, escúchanos.

Director: —

Dios Padre, celestial,
Dios Hijo, Redentor del mundo,
Dios Espíritu Santo,
Santa Trinidad un solo Dios,
Corazón de Jesús, Hijo del Eterno Padre,
Corazón de Jesús, formado por el Espíritu Santo
en el seno de la Virgen Madre,
Corazón de Jesús, unido substancialmente al Verbo
Divino,
Corazón de Jesús, de infinita majestad,
Corazón de Jesús, templo santo de Dios,
Corazón de Jesús, tabernáculo del Altísimo,
Corazón de Jesús, casa de Dios y puerta del cielo,
Corazón de Jesús, horno ardiente de caridad,
Corazón de Jesús, mansión de justicia y de amor,
Corazón de Jesús, lleno de bondad y de amor,
Corazón de Jesús, abismo de todas las virtudes,
Corazón de Jesús, dignísimo de toda alabanza,
Corazón de Jesús, Rey y centro de todos los co-
razones,
Corazón de Jesús, en que están escondidos todos
los tesoros de la sabiduría y de la ciencia,
Corazón de Jesús, en que mora toda la plenitud
de la divinidad,
Corazón de Jesús, en que el Padre se agradó,
Corazón de Jesús, de cuya plenitud todos
hemos recibido,
Corazón de Jesús, deseo de los eternos collados,
Corazón de Jesús, paciente y muy misericordioso,
Corazón de Jesús, que enriqueces a todos los
que te invocan,
Corazón de Jesús, fuente de vida y santidad,
Corazón de Jesús, propiciación por nuestros pe-
cados,
Corazón de Jesús, colmado de oprobios,
Corazón de Jesús, desgarrado por nuestros pecados,

Ten misericordia de nosotros

Corazón de Jesús, hecho obediente hasta la muerte,
Corazón de Jesús, con lanza traspasado,
Corazón de Jesús, fuente de toda consolación,
Corazón de Jesús, vida y resurrección nuestra,
Corazón de Jesús, paz y reconciliación nuestra,
Corazón de Jesús, víctima de los pecados,
Corazón de Jesús, salud de los que en Ti esperan,
Corazón de Jesús, esperanza de los que en Ti
mueren,
Corazón de Jesús, delicia de todos los santos,

— Ten misericordia de nosotros —

Director: —

Cordero de Dios, que quitas los pecados del mundo,

Todos: —

Perdónanos, Señor.

Director: —

Cordero de Dios, que quitas los pecados del mundo,

Todos: —

Escúchanos, Señor.

Director: —

Cordero de Dios, que quitas los pecados del mundo,

Todos: —

Ten piedad de nosotros.

Director: —

Jesús, manso y humilde de corazón,

Todos: —

Haz nuestro corazón semejante al tuyo.

Director: —

OREMOS: — Dios omnipotente y eterno, mira el Corazón de tu muy amado Hijo, toma en consideración las alabanzas y satisfacciones que te ofrece en nombre de los pecadores, aplaca tu justicia y concede el perdón a los que imploran tu misericordia, en nombre de tu Hijo Jesucristo, que contigo vive y reina en unidad con el Espíritu Santo, por los siglos de los siglos.

Todos: —
Amén.

Sagrado Corazón de Jesús, * creo en tu amor por mí.

Director: —

CONSAGRACION DEL GENERO HUMANO AL SAGRADO CORAZON DE JESUS

Ordenada por S. S. el Papa Pío XI, 11 diciembre de 1925. — Para que haya un solo Rebaño y un solo Pastor.

Todos: —

Dulcísimo Jesús, * Redentor del género humano, * miradnos humildemente postrados ante Vos. * Vuestros somos y vuestros queremos ser; y a fin de poder vivir más estrechamente unidos con Vos, * todos y cada uno espontáneamente nos consagramos en este día a vuestro Sacratísimo Corazón. * Muchos por desgracia, * jamás os han conocido; * muchos, despreciando vuestros mandamientos, * os han desechado. * Oh Jesús benignísimo, * compadeceos de los unos y de los otros, * y atraedlos a todos a vuestro Corazón Sacratísimo.

Oh Señor, * sed Rey, * no sólo de los hijos fieles, * que jamás se han alejado de Vos, * sino también de los pródigos * que os han abandonado; * haced que vuelvan pronto a la casa paterna, * para que no padezcan de hambre y de miseria. * Sed Rey de aquellos * que, por seducción del error * o por espíritu de discordia, * viven separados de Vos; * devolvedlos al puerto de la verdad * y a la unidad de la fe, * para que en breve * se forme un solo rebaño bajo un solo Pastor.

* Conceded, oh Señor, * incolumidad y libertad segura a vuestra Iglesia; * otorgad a todos los pueblos * la tranquilidad en el orden; * haced * que del uno al otro confín de la tierra * no resuene sino esta voz: * Alabado sea el Corazón divino * causa de nuestra salud; * a El se entonen cánticos de honor y gloria * por los siglos de los siglos. * Amén.

Sagrado Corazón de Jesús, * venga a nos el tu Reino!

Director: —

ACTO DE REPARACION

Todos: —

Oh Sagrado Corazón de Jesús, * animados por el deseo de reparar los ultrajes * que incesantemente se te hacen, * nos postramos ante tu trono de misericordia * y en nombre de toda la humanidad * te prometemos nuestro amor y fidelidad! *

Cuanto más sean blasfemados tus misterios, * tanto más firmemente los creeremos, * ¡oh Sagrado Corazón de Jesús!

Cuanto más trate la impiedad * de extinguir nuestras esperanzas de inmortalidad, * tanto más confiaremos en tu Corazón, * ¡única esperanza de la humanidad! *

Cuanto más resistan los corazones a tus divinas atracciones, * tanto más te amaremos, * ¡oh infinitamente amable Corazón de Jesús! *

Cuanto más la incredulidad ataque a tu Divinidad, * tanto más humilde y profundamente la adoraremos, * ¡oh divino Corazón de Jesús! *

Cuanto más sean tus santas leyes violadas e ignoradas, * tanto más nos deleitaremos en observarlas, * ¡oh Santísimo Corazón de Jesús! *

Cuanto más sean tus Sacramentos despreciados y abandonados, * tanto más frecuentemente * los recibiremos con amor y reverencia, * ¡oh generosísimo Corazón de Jesús! *

Cuanto más descuidada y olvidada sea * la imitación de tus virtudes, * tanto más nos esforzaremos en practicarlas, * ¡oh Corazón modelo de toda virtud!*

Cuanto más trabaje el demonio para perder almas, * tanto más arderemos en el deseo de salvarlas, * ¡oh Corazón de Jesús, celoso amante de las almas! *

Cuanto más el pecado y la impureza * destruyan la imagen de Dios en el hombre, * tanto más trataremos de ser templo vivo del Espíritu Santo * por la pureza de nuestra vida, * ¡oh Corazón de Jesús! *

Cuanto más despreciada sea tu Santa Iglesia, * tanto más nos esforzaremos en ser sus fieles hijos, * ¡oh dulce Corazón de Jesús! *

Cuanto más perseguido sea tu Vicario en la tierra, * tanto más le honraremos nosotros * como cabeza infalible de tu Santa Iglesia, * le mostraremos nuestra fidelidad * y por él rogaremos, * ¡oh regio Corazón de Jesús! *

Oh Sagrado Corazón, * por medio de tu gracia poderosa concede * que podamos llegar a ser tus apóstoles, * en medio de un mundo corrompido, * y ser tu corona en el reino del cielo. * Amén.

———— * ————

Alabanza y adoración sean siempre dadas al Santísimo Sacramento!

———— * ————

EL SANTO ROSARIO

Director : —

CREDO DE LOS APOSTOLES

Creo en Dios Padre todopoderoso, * Creador del cielo y de la tierra. * Y en Jesucristo su único Hijo, Señor nuestro, * que fué concebido por obra y gracia del Espíritu Santo, * y nació de Santa María Virgen; * padeció debajo del poder de Poncio Pilato; * fué crucificado, muerto y sepultado; * descendió a los infiernos; * al tercer día resucitó de entre los muertos; * subió a los cielos; * está sentado a la diestra de Dios Padre todopoderoso; * desde allí ha de venir * a juzgar a los vivos y a los muertos. *

Todos: —

Creo en el Espíritu Santo, * la santa Iglesia Católica, * la comunión de los santos, * el perdón de los pecados, * la resurrección de la carne, * y la vida perdurable. * Amén.

1 Padre nuestro ≉ 3 Ave - Marías ✶ 1 Gloria al Padre

Director: —

MISTERIOS DE DOLOR

Primer Misterio de Dolor
La Agonía de Jesús en el Huerto

«Mi alma está triste hasta la muerte!» ¡Oh divina tristeza de Jesús, que salvaste al mundo y preparaste para nosotros los goces del Paraíso, remedia nuestras penas, acepta nuestro dolor por haber ofendido tan gravemente al Señor nuestro Dios!

1 Padre nuestro ≠ 10 Ave-Marías ≠ 1 Gloria al Padre

Director: —

DE PIE TODOS

Segundo Misterio de Dolor
Jesús es azotado en la columna

«Pueblo mío, ¿qué es lo que te he hecho? Cargado con mis dones me azotas como al ínfimo de los esclavos!» Oh Jesús, perdona los excesos de impiedad contra la Iglesia, que es tu cuerpo místico.

1 Padre nuestro ≠ 10 Ave-Marías ≠ 1 Gloria al Padre

Director: —

Tercer Misterio de Dolor
Jesús es coronado de espinas

«Soy gusano y no hombre!» ¡Oh Jesús, saturado de ultrajes en este Misterio, con qué elocuencia nos muestras que, salidos de la tierra, a la tierra volvemos de nuevo! Que esta divina lección humille nuestro orgullo.

1 Padre nuestro ≠ 10 Ave-Marías ≠ 1 Gloria al Padre

Director: —

Cuarto Misterio de Dolor
Jesús lleva la Cruz

« **O** bligaron al Cirineo a que ayudara a cargar la Cruz.»
También nosotros recibimos cada día nuestras cruces de tu mano. Oh Jesús, concede que podamos llevarlas no por la fuerza sino por amor.

1 Padre nuestro ● 10 Ave-Marías ● 1 Gloria al Padre

Director: —

TODOS DE RODILLAS
Quinto Misterio de Dolor
Jesús muere en la Cruz

« **H** e ahí tu Madre!» Te doy gracias, oh Salvador mío, por este admirable don, esta última voluntad de tu amor. Concede que pueda corresponder a él con un amor generoso a tu afligida Madre.

1 Padre nuestro ● 10 Ave-Marías ● 1 Gloria al Padre

Director: —

DIGAMOS LA SALVE

Todos: —

D ios te salve Reina y Madre de misericordia; * vida, dulzura y esperanza nuestra. * A Ti llamamos los desterrados hijos de Eva; * a Ti suspiramos gimiendo y llorando en este valle de lágrimas. * Ea, pues, Señora, Abogada nuestra, * vuelve a nosotros esos tus ojos misericordiosos; * y después de este destierro, * muéstranos a Jesús fruto bendito de tu vientre. * Oh clementísima, * oh piadosísima, * oh dulce Virgen María.

Director: —

Ruega por nosotros, Reina del Santísimo Rosario.

Todos: —

Para que seamos dignos de las promesas de Jesucristo.

Director: —

OREMOS: —Oh Dios, * cuyo unigénito Hijo, * con su vida, muerte y resurrección, * nos ha comprado la recompensa de salvación eterna; * concede, te rogamos, * que meditando sobre estos misterios * del Santísimo Rosario de la Bienaventurada Virgen María, * podamos imitar lo que contienen * y alcanzar lo que prometen. * Por el mismo Cristo nuestro Señor.

Todos: —

Amén.

Señor, te doy gracias porque moriste en la Cruz por mis pecados.

Director: —

A LA REINA DEL SANTO ROSARIO

Todos: —

Oh Reina del Santísimo Rosario, * en estos tiempos de descarada impiedad, * muestra de nuevo tu poder, * con los prodigios que antiguamente acompañaban tus victorias, * y desde el trono en que estás sentada, * dispensando perdón y gracia, * vela piadosamente por la Iglesia de tu Hijo, * por su Vicario * y por todo el orden eclesiástico y secular, * que está sufriendo penosa lucha. * Acude pronto, *

oh poderosísima destructora de la herejía, * adelanta
la hora de misericordia, * viendo que la hora del
juicio * es diariamente retada por innumerables ofen-
sas. * Alcanza para mí, el más despreciable de los
hombres, * te lo ruego suplicante de rodillas,* la gracia
que me permita vivir * una vida justa en la tierra
* y reinar con los justos en el cielo, * mientras que
con los fieles de todo el mundo, * oh Reina del Santísimo Rosario, * te saludo y exclamo: * ¡Reina del
Santísimo Rosario, * ruega por nosotros!

Sagrado Corazón de Jesús, a Ti me entrego
por mediación de María.

Director: —
A JESUS ABANDONADO
Todos: —

Con María Inmaculada, * adoremos, demos gracias,
imploremos y consolemos * al Amantísimo y Sacratísimo Corazón de Jesús * en el Santísimo Sacramento. *
Oh Divino Jesús; * solitario esta noche en tantos
Sagrarios, * sin visitas ni adoradores, * te ofrezco mi
pobre corazón. * Sea cada uno de sus latidos * un
acto de amor a Ti. * Tú siempre estás velando bajo
las Especies Sacramentales; * tu amor no duerme nunca, * y nunca te cansa tu vela por los pecadores. *
Oh solitario Jesús, * que la llama de mi corazón
* arda y brille siempre en tu compañía. *

——— * ———

Oh Santísimo Sacramento, * oh Sacramento divino!
Toda alabanza y acción de gracias * te sean dadas
en todo momento.

——— * ———

Director: —

VENERACION DE LA CABEZA DEL SALVADOR CORONADA DE ESPINAS

Todos: —

«Y tejiendo una corona de espinas, * se la pusieron sobre su cabeza. * Empezaron a escupirle y a darle golpes. * Otros le abofetearon y decían: * «Profetiza quién te ha golpeado.»

¡Oh Santo Redentor! * Te han puesto una capa escarlata, * por cetro te han colocado una caña en las manos, * y las agudas puntas de una corona de espinas * han penetrado en tu Cabeza adorable. *

Alma mía, * no podrás nunca concebir los sufrimientos, * los insultos e indignidades * inferidos a nuestro bendito Señor * durante esta escena de dolor y de burla. *

* Yo te saludo y te ofrezco homenaje supremo * como Rey del cielo y de la tierra, * Redentor del mundo, * Eterno Hijo del Dios vivo. *

¡Oh mi afligido Salvador! * Oh Rey del mundo, * eres ridiculizado como rey de burla. * Yo creo en Ti y te adoro * como Rey de reyes y Señor de señores, * como supremo Legislador de cielos y tierra. *

¡Oh Jesús! * Devotamente venero tu sagrada Cabeza coronada de espinas, * golpeada con una caña, * abrumada por el dolor y escarnio. *

Adoro la preciosa sangre * que mana de tus sangrientas heridas. * A Ti sea toda alabanza, * toda acción de gracias * y todo amor para siempre. *

¡Oh manso Cordero, * Víctima del pecado! * Que tus espinas penetren mi corazón * con amor ferviente, * para que nunca cese de adorarte * como a mi Dios, mi Rey y mi Salvador. *

Director: —

Contempla, oh Dios, a nuestro Protector,

Todos: —

Y considera la faz de tu Cristo.

Director: —

OREMOS: —Oh mi amado Salvador, * a la vista de tu santísima Faz, * desfigurada por el sufrimiento, * a la vista de tu sagrado Corazón tan lleno de amor, * yo exclamo con S. Agustín: * «Señor Jesús, imprime en mi corazón tus sagradas heridas, * para que yo lea en ellas dolor y amor: * dolor para soportar todo dolor por Ti; * amor para despreciar todo amor por Ti.»

Todos: —

Amén.

———— * ————

Te adoramos, oh Cristo y te bendecimos; * porque por tu santa Cruz redimiste al mundo.

Director: —

A NUESTRO SEÑOR EN LA CRUZ

Todos: —

Jesús mío crucificado, * acepta misericordiosamente la súplica que ahora te hago, * de ayudarme en el momento de mi muerte, * cuando cercana ya * fallen todos mis sentidos. *

Oh dulcísimo Jesús, * cuando, mis cansados y abatidos ojos * no puedan ya mirarte, * recuerda entonces la mirada amante que ahora te dirijo, * y ten misericordia de mí. *

Cuando mis labios resecos * no puedan ya besar tus sacratísimas heridas, * recuerda entonces aquellos besos que ahora te ofrezco * y ten misericordia de mí. *

Cuando mis frías manos * no puedan ya abrazar tu Cruz * no olvides el afecto con que la abrazo ahora, * y ten misericordia de mí. *

Y cuando al fin, mi lengua hinchada y sin vida * no pueda ya hablar, * recuerda que te llamé ahora. *

Jesús, María, José, * a vosotros encomiendo mi espíritu. * Amén.

Padre Eterno, * te ofrezco las heridas de nuestro Señor Jesucristo, * para curar las de nuestras almas.

Director: —
DEVOCION EN HONOR
DE LAS CINCO LLAGAS SAGRADAS
Todos: —

Amadísimo Salvador de mi alma, * mientras me
arrodillo ante Ti clavado en la Cruz, * mi con-
ciencia me dice * que soy yo quien te clavó en la
Cruz * con estas manos mías * tantas veces cuantas
he caído en pecado mortal, * ofendiéndote con mi
monstruosa ingratitud. *

Dios mío, * mi suprema y perfectísima Bondad, *
digna de todo mi amor, * viendo que me has colmado
de bendiciones, * no puedo ahora deshacer mis malas
acciones, * como gustosamente quisiera, * pero puedo y quiero detestarlas, * doliéndome mucho por
haberte ofendido, * a Ti que eres Bondad Infinita. *
Y ahora arrodillado a tus plantas, * trataré por lo
menos de compadecerte, * de darte gracias, * de pe-
dirte perdón y contrición. * Digo, por eso, con el
corazón y con los labios:

Director: —

A la llaga del pie izquierdo
Todos: —

Llaga santa del pie izquierdo de mi Jesús, * yo te
adoro! * Te compadezco, Jesús mío, * por ese
agudísimo dolor que sufriste. * Te doy gracias * por
el amor que representa * el haberte fatigado en de-
tenerme, * cuando me encaminaba a la perdición, *
y sangraste por entre las espinas y zarzas de mis
pecados. * Ofrezco al Padre Eterno * el dolor y amor
de tu sacratísima humanidad, * en expiación de mis
pecados, * todos los cuales detesto con sincera y amar-
ga contrición.

Director: —

A la llaga del pie derecho

Todos: —

Llaga santa del pie derecho de mi Jesús, * yo te adoro! * Te compadezco, Jesús mío, * por ese agudísimo dolor que sufriste. * Te doy gracias * por el amor que representa el permitir ser traspasado * con tal tortura y derramamiento de sangre, * para castigar mis extravíos * y los culpables placeres que he concedido a mis pasiones. * Ofrezco al Padre Eterno * todo el dolor y amor de tu sacratísima humanidad, * y le pido la gracia de llorar mis delitos * con lágrimas ardientes, * y de perseverar en el bien que he emprendido, * sin desviarme ya más de la Obediencia * a los mandamientos de mi Dios.

Director: —

A la llaga de la mano izquierda

Todos: —

Llaga santa de la mano izquierda de mi Jesús, * yo te adoro! * Te compadezco, Jesús mío, * por ese agudísimo dolor que sufriste. * Te doy gracias porque tu amor me ha evitado * el castigo de condenación eterna * que mis pecados han merecido. * Ofrezco al Eterno Padre * el dolor y amor de tu sacratísima humanidad, * y le pido que me enseñe * a emplear bien el tiempo de vida que me queda * para producir dignos frutos de penitencia, * y desarmar así la enojada justicia de mi Dios.

Director: —

A la llaga de la mano derecha

Todos: —

Llaga santa de la mano derecha de mi Jesús, * yo te adoro! * Te compadezco, Jesús mío, * por ese agudísimo dolor que sufriste. * Te doy gracias por los favores a mí prodigados con tal amor, * a pesar de mi miserable obstinación. * Ofrezco al Padre Eterno * todo el dolor y amor de tu sacratísima humanidad, * y le pido que transforme mi corazón y sus afectos, * y haga que todas mis acciones * estén conformes con la voluntad de Dios.

Director: —

A la llaga del costado

Todos: —

Llaga santa del costado de mi Jesús, * yo te adoro! * Te compadezco, Jesús mío, por el cruel insulto que sufriste. * Te doy gracias, Jesús mío, * por el amor que supone * el permitir que tu costado y corazón fueran atravesados, * para que de allí salieran * las últimas gotas de sangre y agua, * haciendo mi redención superabundante. * Ofrezco al Eterno Padre este ultraje * y el amor de tu sacratísima humanidad, * para que de una vez para siempre * mi alma entre en ese amantísimo Corazón, * ansioso y dispuesto a recibir a los más grandes pecadores, * y nunca más se separe de él. *

——— * ———

Dulce Corazón de mi Jesús, haz que te ame siempre más y más.

Director: —*DE PIE TODOS.*

ORACION POR EL AUMENTO DE LAS COMUNIONES DIARIAS

Todos: —

Oh dulcísimo Jesús, * que viniste a este mundo para dar a todos la vida de tu gracia, * y que para conservarla y sustentarla * quisiste que la Comunión fuera el remedio de nuestras diarias flaquezas * y nuestro diario alimento; * humildemente te suplicamos, * por tu Corazón, todo fuego por amor nuestro, * que infundas sobre todos tu Santo Espíritu, * para que los que desgraciadamente estén en pecado mortal * puedan convertirse a Ti * y recobrar la vida de la gracia que han perdido, * y los que por tu merced * viven todavía esta vida divina * puedan acercarse diariamente a tu sagrada mesa, * en la que recibiendo cada día * el antídoto de sus faltas veniales, * nutriendo la vida de la gracia de sus almas, * y purificando más y más sus corazones, * puedan al fin llegar a gozar contigo * de la eterna bienaventuranza. * Amén.

Corazón de Jesús, * inflamado de amor por nosotros, * inflama nuestros corazones con tu amor.

Director: —*DE RODILLAS TODOS.*

ORACION POR LOS AGONIZANTES

Todos: —

Oh misericordiosísimo Jesús, * Amante de las almas: * Te suplico por la agonía de tu Sacratísimo Corazón, * y por los dolores de tu Madre Inmaculada, * que purifiques con tu sangre * a los pecadores de todo el mundo * que están ahora en agonía, * y van a morir hoy. * Amén.

Corazón agonizante de Jesús, * ten misericordia de los moribundos.

Jesús, María, José.

Director: —

ORACION POR EL PAPA

Todos: —

Oh Dios, * Pastor y Rey de todos los fieles, * mira con fervor a tu siervo Papa .... * a quien te has dignado elegir * para supremo Pastor de tu Iglesia; * concede, te suplicamos, * que su palabra y ejemplo * puedan ser beneficiosos * a aquellos sobre los cuales ha sido colocado, * de manera que juntamente con el rebaño confiado a su cuidado, * pueda alcanzar la vida perdurable, * por Cristo nuestro Señor. * Amén. *

Sacratísimo Corazón de Jesús, * derrama con toda plenitud tus bendiciones * sobre la Santa Iglesia, * sobre el Papa y el Clero; * concede perseverancia a los justos, * conversión a los pecadores; * ilumina a los incrédulos; * bendice a nuestros parientes, * amigos y bienhechores; * asiste a los moribundos, * libera las almas del Purgatorio; * y extiende sobre todos los corazones * el suave dominio de tu amor. *

Señor Jesús, acoge a nuestro Santo Padre el Papa, bajo la protección de tu Sagrado Corazón. Sé Tú su luz, su fortaleza y su consuelo.

Director: —

ORACION POR LA PAZ

Todos: —

¡Señor, * hazme instrumento de tu paz! * Donde hay odio —siembre yo amor. * Donde hay injusticia —perdón. * Donde hay duda — fe. * Donde hay desesperación —esperanza. * Donde hay tinieblas — luz. * Donde hay tristeza — alegría. *

¡Oh Divino Maestro, * concede que no tanto busque yo ser consolado — como consolar, * ser comprendido —como comprender, * ser amado —como amar, * porque es en el dar cuando recibimos, * en el perdonar cuando somos perdonados, * es en el morir cuando nacemos a una eterna vida.

(S. Francisco de Asís)

———— * ————

Por la señal de la Santa Cruz, líbranos de nuestros enemigos, ¡Dios nuestro!

Director: —

ORACION PARA IMPLORAR MISERI- CORDIA POR LAS BENDITAS ALMAS DEL PURGATORIO

Todos: —

Ten misericordia, benigno Jesús, * de las almas detenidas en el Purgatorio. * Tú que por su rescate tomaste nuestra naturaleza humana * y sufriste la muerte más cruel, * compadece sus lamentos y lágrimas derramadas * cuando ellas levanten hacia Ti sus ojos anhelantes; * y en virtud de tu Pasión, * exímelas de la pena debida por sus pecados.* Oh dulce Jesús, * descienda al Purgatorio tu Preciosa Sangre, * para confortar y aliviar * a las que allí languidecen en cautiverio. * Extiéndeles tu mano * y condúcelas a las mansiones de refrigerio, luz y paz. * Amén. *

———— * ————

Divino Corazón de Jesús, * convierte a los pecadores, * salva a los moribundos, * da libertad a
las benditas almas del Purgatorio.

Director: —

ORACION POR NUESTRAS DIARIAS NEGLIGENCIAS

Todos: —

> **P**adre Eterno, * te ofrezco el Sagrado Cora-
> zón de Jesús, * con todo su amor, * sufri-
> mientos y méritos. *

Todos: —

Primero. — En expiación de todos los pecados que
he cometido este día * y durante toda mi vida. *

Director: —

> Gloria al Padre y al Hijo y al
> Espiritu Santo

Todos: —

> Como era ...

Todos: —

Segundo. —Para purificar el bien * que he hecho
imperfectamente este día * y durante toda mi vida.

Director: —

> Gloria al Padre ...

Todos: —

> Como era ...

Todos: —

Tercero. —Para suplir el bien que debía haber
hecho * y que he omitido este día * y durante toda
mi vida. *

Director: —
Gloria al Padre ...

Todos: —
Como era ...

——— * ———

Oh Corazón de amor, * pongo toda mi confianza
en Ti, * porque lo temo todo de mi propia debilidad, * pero lo espero todo de tu bondad.

Sta. Margarita María Alacoque.

——— * ———

Director: —

MOMENTO
DE SILENCIOSA ADORACION

"Habla, Señor, porque tu siervo escucha."

(1 - Reyes 3. - 9.)

"Señor, ¿qué quieres que haga?"

(Actas - 9. - 6.)

——— * ———

Director: —

ORACION PARA PEDIR
LA PERSEVERANCIA FINAL

Todos: —

Oh Jesús, * Salvador mío y Dios mío, * por tu
Corazón Sagrado, * por el Purísimo Corazón de la
Virgen Madre, * por todo lo que te sea placentero
en el cielo y en la tierra, * te ruego y suplico * me
concedas santa perseverancia, * y me concedas pacien-
cia. * Dame gracia y valor * para que pueda emplear con eficacia * los medios que Tú me has dado

——— * ———

(Decir tres veces)

Dulce Corazón de Jesús, * sé mi amor.
Dulce Corazón de María, * sé mi salvación.

Director: —

ORACION FINAL
AL SANTISIMO SACRAMENTO

Todos: —

Jesús mío, * como está ya terminando esta hora de adoración, * renuevo mi fe y confianza en Ti. * Me siento renovado después de estos momentos de estar contigo * y me cuento entre el número de los privilegiados, * como lo fueron tus discípulos, * que participaron de tu presencia real. *

Dándome cuenta de que la visita que te he hecho * será de poco provecho * si no trato de llevar una vida mejor * y de dar mejor ejemplo, * estoy resuelto a emprender de nuevo mis deberes y asuntos con un renovado espíritu de perseverancia y buena voluntad. * En mi vida diaria trataré de amar a Dios y servirle bien, * y de amar también a mi prójimo, * pues estos dos amores van unidos. * Trataré de ser de verdad un discípulo perfecto. * Jesús, * ayúdame en esta resolución. *

Bendíceme, Señor, antes de irme. * No me bendigas a mí solo, Señor, * sino también a todos los aquí presentes, * y a todos los que no pudieron asistir, * especialmente a los enfermos y moribundos. * Bendice nuestros hogares y a todos nuestros hijos. * Bendice toda nuestra vida y la hora de nuestra muerte. *

Concede el descanso a las almas de los fieles difuntos, * y llévalas a la luz de tu gloria divina. * Así también nosotros que te hemos adorado, * y hemos sido bendecidos por Ti en la tierra, * podamos llegar a contemplar la radiante gloria, * de tu rostro sin velos en el cielo, * por toda una eternidad. * Amén. *

(Decir tres veces)

Sagrado Corazón de Jesús, * venga tu Reino.

———— * ————

Director: —

POR LAS INTENCIONES
DEL PAPA

1 Padre nuestro ≠ 1 Ave - María ◢ 1 Gloria al Padre

———— * ————

Todos: —

¡Oh Santísimo Sacramento, * Oh Sacramento Divino * Toda alabanza y acción de gracias * te sean dadas en todo momento!

Todos: —

En el Nombre del Padre † y del Hijo y del Espíritu Santo. Amén

———— * ————

INDULGENCIAS DE LA HORA SANTA

Los fieles que toman parte de la Hora Santa pueden ganar una indulgencia plenaria.

(Enchiridion de Indulgencies, Vaticano 1968)

Nihil Obstat
John J. Clifford, S. J.
Censor Librorum

Imprimatur
+ Samuel A. Stritch
December 17, 1943   Archbishop of Chicago

———

Nihil Obstat
El Censor
Felipe Pitxot, Maestrescuela

Imprimatur
Juan, Obispo de Vich

Por Mandato de Su Excia, Rvdma.
Jose Prat, Canonigo, Canc. Srio.
Vich, 6 de octubre de 1953

Toll Free: 888-636-6799
Office: 708-636-2995
Fax: 708-636-2855
Web Page: www.cmjbooks.com
Email: jwby@aol.com

ISBN# 1-891280-41-4